BEI GRIN MACHT SICH IHR WISSEN BEZAHLT

- Wir veröffentlichen Ihre Hausarbeit,
  Bachelor- und Masterarbeit

- Ihr eigenes eBook und Buch -
  weltweit in allen wichtigen Shops

- Verdienen Sie an jedem Verkauf

Jetzt bei www.GRIN.com hochladen
und kostenlos publizieren

Bibliografische Information der Deutschen Nationalbibliothek:

Die Deutsche Bibliothek verzeichnet diese Publikation in der Deutschen National-
bibliografie; detaillierte bibliografische Daten sind im Internet über http://dnb.d-
nb.de/ abrufbar.

Impressum:

Copyright © 2014 GRIN Verlag, Open Publishing GmbH
Druck und Bindung: Books on Demand GmbH, Norderstedt Germany
ISBN: 978-3-668-07997-7

Dieses Buch bei GRIN:

http://www.grin.com/de/e-book/309334/die-auswirkung-von-gamification-auf-die-
performance-von-scrum-teams-im

Sebastian Storch

Die Auswirkung von Gamification auf die Performance von SCRUM-Teams im Praxisbeispiel

GRIN Verlag

GRIN - Your knowledge has value

Der GRIN Verlag publiziert seit 1998 wissenschaftliche Arbeiten von Studenten, Hochschullehrern und anderen Akademikern als eBook und gedrucktes Buch. Die Verlagswebsite www.grin.com ist die ideale Plattform zur Veröffentlichung von Hausarbeiten, Abschlussarbeiten, wissenschaftlichen Aufsätzen, Dissertationen und Fachbüchern.

Besuchen Sie uns im Internet:

http://www.grin.com/

http://www.facebook.com/grincom

http://www.twitter.com/grin_com

FOM Hochschule für Oekonomie & Management

Studienzentrum München

Hausarbeit

im Fach

Interdisziplinäre Aspekte der Wirtschaftsinformatik

über das Thema

Die Auswirkung von Gamification auf die Performance von SCRUM-Teams anhand eines Praxisbeispiels

von

Sebastian Storch

Abgabedatum   22.07.2014

Inhaltsverzeichnis

Abbildungsverzeichnis

Tabellenverzeichnis

1 Einleitung

1.1 Ausgangslage

Agile Methoden, wie beispielsweise SCRUM, erlauben eine hocheffiziente Entwicklung und schnelle Auslieferung von Softwareartefakten. Der Fokus agiler Methoden liegt grundsätzlich auf kleinen Teams. Mit der Vorgehensweise „Scrum of Scrums" ist auch eine Skalierung auf Großprojekte möglich. In der Praxis werden die Möglichkeiten der agilen Softwareentwicklung gerne als der einzig wahre Lösungsweg für Projekte angepriesen, ohne genau im Detail zu beleuchten, welche Voraussetzungen und Umgebungen geschaffen werden müssen, um einen erfolgreichen Einsatz der agilen Praktiken zu erreichen. Diese nicht vollständig durchdachte Einführung agiler Methoden in die Unternehmens-/Projektstruktur wird oftmals als „WaterScrumFall" bezeichnet (vgl. [FWVH12, S. 69]).

Aus diesen unvollständigen Integrationen werden die Argumente der Kritiker geschürt, dass agile Softwareprojekte chaotisch und nicht planbar sind und Ergebnisse in variabler Qualität liefern. Um diesen Sachverhalt zu verbessern, wurde u.a. die Vorgehensweise des Reliable SCRUM entworfen (vgl. [GP02; Mü]). Jedoch wird selten beleuchtet, wie die Performance eines SCRUM Teams nach einer längeren Teamstabilität hoch gehalten bzw. gesteigert werden kann, ohne die agilen Regeln und Praktiken zu verletzen.

Die vorliegende Arbeit soll anhand des Design Science Research Framework nach Hevner (vgl. Kapitel 1.2) aufzeigen, ob es möglich ist mit Hilfe der Integration von Aspekten aus der Gamification die Performance eines SCRUM Teams steigern zu können. Die Ausgangssituation bildet dabei ein SCRUM-Team, welches schon länger an einem Entwicklungsprojekt arbeitet und eine seit längerem konstante Performance aufweist. Der Fokus der Arbeit liegt dabei auf der der geeigneten Integration von Gamification-Aspekten innerhalb des SCRUM-Teams.

1.2 Zielsetzung

Die Arbeit verfolgt primär die Informationsgewinnung während der Analysephase und Evaluierung von IT-Artefakten [HMP+04; OBF+10]. Aufgrund der praxisrelevanten Fokussierung werden die nachfolgenden Erarbeitungen in Anlehnung an das Design Science Research Framework nach Hevner entwickelt. Dessen Ansatz liegt darin, neue und innovative (IT-) Artefakte zu erstellen, welche den aktuellen Wissenskorpus erweitern und nachgewiesen relevant sind. Hierfür müssen die sieben von Hevner definierten Richtlinien erfüllt sein. Die folgende Auflistung in Tabelle 1 zeigt, wie diesen im Rahmen der vorliegenden Arbeit begegnet wird.

Richtlinie	Beschreibung	Bezug zur Arbeit
Design als Artefakt	Die Design Science Forschung muss ein tragfähiges Artefakt in Form eines Konstruktes, einer Methode, eines Modells oder einer Instanziierung hervorbringen.	In der vorliegenden Arbeit wird versucht, aus praktischen Erfahrungswerten und angeeignetem (theoretischem) Domänenwissen, die Performancesteigerung von SCRUM Teams durch die Einführung von Gamification als Unterstützungsmethode zu evaluieren.
Relevante Problemstellung	Das Ziel der Design Science Forschung ist es, technologiebasierte Lösungen für wichtige und relevante Unternehmensprobleme zu entwickeln.	Die Zielsetzung der vorliegenden Arbeit zielt auf ein wirtschaftlich relevantes Problem ab, für welches explizit Lösungsalternativen gesucht werden.
Evaluierung des Designs	Die Brauchbarkeit, Qualität und Wirksamkeit eines Design-Artefakt muss konsequent in einem gut ausgeführten Bewertungsverfahren nachgewiesen werden.	Die Evaluierung der theoretisch erarbeiteten Ergebnisse der Hausarbeit werden an einem real existierenden SCRUM-Team, welches bereits längere Zeit an einem Projekt arbeitet, erprobt. Dies kommt einer ersten Evaluierung gleich.

Forschungs-beitrag	Effektive Design Science Forschung muss klare und überprüfbare Beiträge in den Bereichen Design Artefakt, Design Stiftungen und/oder Design-Methoden aufweisen.	Die Evaluierung der Auswirkung von Maßnahmen aus dem Bereich Gamification auf die Performance von SCRUM Teams ist in diesem Maß noch nicht durchgeführt worden und soll einen entsprechenden Forschungsbeitrag leisten.
Forschungs-sorgfalt	Die Design Science Forschung beruht auf der Anwendung gründlicher Methoden sowohl in der Konstruktion als auch in der Evaluation des Designs Artefakts.	Die praktischen Erfahrungen und die der Literatur entnommenen Domänenkenntnisse ermöglichen die Konstruktion eines Design Artefakts. Eine Evaluation dieses Konstrukts erfolgt im Rahmen der Praxisverprobung im SCRUM Team. Weiterführende Evaluierungen müssen in weiteren Arbeiten erfolgen.
Design als Such-prozess	Die Nutzung iterativer Suchprozesse sollte der Lösungsentwicklung folgen, während die Methoden des jeweiligen Forschungsgebietes genutzt werden. Die Iteration dient der stetigen Verbesserung der Lösung.	Die bisher gesammelten Erfahrungen des Autors werden mit theoretischen Grundlagen verheiratet. Die Kombination von Gamification Methodiken mit der Vorgehensweise SCRUM soll eine generische Möglichkeit bieten und mittel- und langfristig durch weitere Arbeiten verbessert und verfeinert werden.
Ergebnis-kommunikation	Die Ergebnisse müssen verständlich, sowohl dem technisch- als auch dem managementorientierten Publikum präsentiert werden.	Die im Rahmen der Arbeit aufkommenden Ergebnisse werden durch eine Präsentation in einem Fachkreis im Rahmen des Studiums kommuniziert und dienen einer Sensibilisierung der dort anwesenden Personen. Eine spätere Publikation der Ergebnisse ist nicht ausgeschlossen.

Tabelle 1: Die sieben Richtlinien nach Hevner in Bezug auf diese Arbeit [HMP+04, S. 83]

1.3 Aufbau der Arbeit

Zusätzlich zur Präsentation der Ausgangslage und Zielsetzung im Abgleich mit der zugrunde liegenden Forschungsmethodik in Kapitel 1.2 befasst sich Kapitel 2 mit den Definitionen der theoretischen Grundlagen. Hierzu werden die für die Hausarbeit relevanten Begrifflichkeiten erläutert. Anschließend wird das betrachtete agile Projekt und dazugehörige SCRUM Team, inklusive der aktuellen Velocity als Messinstrument für den Erfolg der Integration von Gamification, beschrieben. Im weiteren Verlauf werden die Einführung von Gamification und die damit verbundenen Änderungen beschrieben und die Performanceentwicklung des SCRUM Teams über 4 Sprints hinweg beobachtet. Kapitel 3.4 rundet das Praxisbeispiel mit einer Erfolgsbewertung der Gamification-Integration ab. Abschließend erfolgt eine kritische Würdigung der Arbeit sowie ein Ausblick auf zukünftige Forschungs- und Entwicklungsmöglichkeiten.

2 Definitionen

2.1 SCRUM

Schon 1993 wurde das SCRUM Framework in ersten Projekten eingesetzt, weit vor der Definition des Agilen Manifests [BBB+01; Lar03; Sut04]. „Scrum ist ein agiles Management-Framework zur Entwicklung von Software, das aus wenigen klaren Regeln besteht. Diese beinhalten die Anwendung der drei Rollen Product Owner, Team und Scrum Master, die Verwendung eines priorisierten Product Backlog sowie das Erstellen von Produktinkrementen innerhalb kurzer Arbeitszyklen, die Sprints genannt werden" [Pic08, S. 1]. Abschließend zu jedem iterativen Entwicklungszyklus finden die Kundenabnahme (= Review) und eine Retrospektive statt (vgl. [Pic08; Sch04]). Nur eine beherrschte Anwendung der im Manifest definierten wenigen Regeln ermöglicht einen Erfolg mit Hilfe von SCRUM. Die Gesamtheit der Anforderungen ist im Product Backlog gesammelt und wird partiell pro Sprint in Produktinkremente transformiert, welche direkt für den produktiven Einsatz verwendet werden können. Die Sprintlänge ist im Vorfeld fest definiert und darf während der Laufzeit nicht angepasst werden (Prinzip des „timeboxing"). Vor dem Start des ersten Sprints muss ein gefülltes Product Backlog vorliegen und die Stakeholder, das Team, der Scrum Master und der Product Owner müssen einsatzbereit sein [Pic08].

2.2 Gamification

Die Definition von Gamification folgt im Wesentlichen dem Werk von Deterding et. al., welche den Begriff Gamification als „die Verwendung von Game Design Elementen in spielfreien Kontexten" [DKN+11a; DKN+11b] definiert haben. Um dem akademischen Anspruch an die Definition gerecht zu werden, ist es notwendig, diesen aus früheren Untersuchungen abzugrenzen und eine Einbettung in bestehende Forschungsfelder durchzuführen (vgl. auch Abbildung in [DKN+11b]). Dies wird durch die inhaltliche Abgrenzungen der Definitionsphrase erreicht. Grundsätzlich müssen die in Tabelle 2 genannten Aspekte beachtet werden.

Begriffsbestandteil	Inhaltliche Abgrenzung
Game	Zunächst müssen die Begriffe „Game" und „Play" differenziert werden. Das Konzept von Caillois beschreibt paidia und ludus als zwei Pole der spielenden Aktivitäten [CB01]. Während zum Einen paidia („Playing") die formfreien, expressiven, improvisierenden Verhaltensweisen und Absichten beschreibt, geht zum Anderen ludus („Gaming") auf die regelbasierte Spielweise mit vordefinierten Zielen ein. Da sowohl akademische, als auch industrielle Beteiligte Kritik an der reinen Bereitstellung von Design-Elemente für Spiele im Rahmen von Gamification ausübten, liegt der Fokus auf ludus mit einem nur geringen Platz für paidia [Alf11].
Element	Im Gegensatz zu den seriösen Spielen, welche vollständig auf einen Nicht-Unterhaltungszweck abzielen und entsprechend aufgebaut sind, verwenden gamifizierte Anwendungen nur Spielelemente als Ergänzung. In seriösen Spielen besteht das Hauptziel darin, den Benutzer in Problemlösungen zu trainieren, zu untersuchen und zu bewerben [Abt87]. In der Arbeit von Deterding et. al. ist auch eine steigende Anerkennung zu erkennen, dass die Spiele-Definition über die Eigenschaften der Integration von Spiel-Artefakten hinausgehen muss und situativ konstruierte und soziale Bedeutungen annehmen muss, um Anwendungen, wie z.B. Foursquare integrieren zu können, da dort die Aspekte „Play" und „Gaming" vermischt sind. So empfehlen Deterding et. al. die Beschreibung der Elemente, die charakteristisch für Spiele sind, zu begrenzen, was eine heuristische Annahme ist und noch diskutiert werden kann [DKN+11a].
Design	Nach der Analyse von Deterding et. al. von Game-Design-Elementen aus früheren Untersuchungen haben die Autoren ihre eigenen fünf Ebenen der Abstraktion von detailliert bis abstrakt dargestellt und empfehlen alle Ebenen in die Definition von Gamification mit einfließen zu lassen (vgl. [DKN+11a]).

Non-Game Contexts	Game-Design-Elemente werden in der Regel für den Unterhaltungszweck erstellt. Jedoch sollen für den Fall der Gamification diese Elemente nun verwendet werden, um andere Anwendungen ähnlich zu seriösen Spielen zu verbessern [DKN+11a]. Dennoch schlagen Deterding et. al. vor, die Definition von Nicht-Spiel Kontexten für eine weitere Nutzung, eine weitere Absicht, weitere Zusammenhänge oder Medien nicht zu beschränken, weil einerseits kein Vorteil durch eine solche Beschränkung erkennbar ist und andererseits seriöse Spiele sich ebenfalls in allen Arten von Zusammenhängen weiterentwickelt haben, obwohl zu Beginn ein bestimmter Zweck im Fokus stand (z.B. lernen). Die von Sawyer (vgl. [SS08]) klassifizierten Subkategorien von Spielen können ohne Weiteres auf den Kontext von Gamification übertragen werden. Des Weiteren schließt diese Definition von Gamification die Gamification von Spielen (vgl. [HE11]) mit Meta-Spielplattformen wie z.B. einem Erfolgssystem aus [MNL+09], weil dies eine einfache Erweiterung eines Spieles und somit ein Aspekt des Game-Designs wäre und nicht Gamification.

Tabelle 2: Begriffsabgrenzung Gamification (nach Deterding [DKN+11a; DKN+11b])

3 Praxisbeispiel

Aus datenschutzrechtlichen Gründen wird das Praxisbeispiel anonymisiert und verzichtet auf unternehmensinterne Bezeichnungen.

3.1 Projektbeschreibung und -ziele

Das in der Hausarbeit evaluierte Projekt unter dem Namen „Online.Handbuch" befasst sich mit der Bereitstellung einer Webanwendung im Browser, welche den Kunden bzw. Interessenten zeitnah und ohne großen Aufwand mit Informationen rund um den Fahrzeugbetrieb versorgt. Die Informationswiedergabe soll fahrzeugindividuell möglich sein. Die Webanwendung soll den Service sowohl an stationären PCs, als auch auf Smartphones und Tablets erbringen.

Das Projektziel ist die nahtlose Integration der Webanwendung in die bestehende Onlinepräsenz des Auftraggebers mit möglichst hohem Endbenutzerkomfort. Diese Integration soll (potentiellen) Kunden die Möglichkeit bieten, eine Betriebsanleitung zu den angebotenen Produkten online zu lesen. Das Projekt „Online.Handbuch" wird in mehrere Leistungsstufen aufgegliedert, um die Funktionalität möglichst schnell für den Kunden zur Verfügung zu stellen und iterativ zu erweitern und zu verbessern. Die erste Leistungsstufe soll die kundenspezifische Betriebsanleitung bereitstellen und mit einer Suchfunktion ausgestattet sein. Weitere Stufen erweitern die Systemmodularität und -flexibilität. Die Anwendung soll, abhängig vom Abnehmersystem, auf Basis der Eingabeparameter, individuelle Betriebsanleitungen zur Verfügung stellen. Eine automatisierte Kommunikation zwischen den beteiligten Systemen hängt maßgeblich von der Integration der Systemschnittstellen ab.

3.2 Aktuelle Team-Velocity

Die Entwicklung der Webanwendung erfolgt mit Hilfe der agilen Softwareentwicklungsmethode SCRUM, welches in Kapitel 2.1 erläutert wurde. Hierbei gibt es im Zuge des Controllings sog. Key Performance Indicators (KPI), die die Effizienz und Effektivität des Entwicklerteams aufzeigen und nachverfolgen. Im nachfolgendem Beispiel wird die Team-Velocity verwendet, da daran am Besten die Auswirkungen von Gamification gemessen werden können und die Darstellung ergebnisorientiert erfolgen kann. Das Projekt befindet sich im Rahmen eines Festpreises mit vordefiniertem Fertigstellungsdatum und im Vorfeld der Angebotsabgabe wurden die Anforderungen an das Projekt im Aufwand mit knapp 900 Storypoints beziffert. Diese wurden gleichmäßig auf die offenen Sprints bis zum vordefiniertem Fertigstellungsdatum verteilt, was 45 Story-Points je Sprint bedeutet. Ein Sprint hat eine Länge von 2 Wochen. Sprint 0 dient der Projektvorbereitung und ist ohne Story-Points ausgelegt. In den Sprints 1 bis 20 wird aktiv an der Anwendung entwickelt. Am Ende eines jeden Sprints finden fachliche Abnahmen des Kunden in einem Review statt. In den Sprints 1-11 wurde diese Abnahme durchgehend erteilt.

Die vor der Einführung gemessene Team-Velocity ist in Abbildung 1 dargestellt und zeigt auf Sprintebene, welche aktuelle Performance vorliegt. Insgesamt sind in dieser Grafik vier Graphen zu erkennen. Der Graph „Soll (SP)" zeigt die ursprüngliche mittlere Story-Point-Verteilung auf, welche vor Projektstart angenommen wurde. „Geplant SP" zeigt, wieviel Story-Points das Team je Sprint zur Abarbeitung im Sprint Planning schätzt, „IST SP" zeigt die nachträgliche Messung des entsprechenden Sprints. Der Graph „MUSS / Sprint" zeigt, was das Team leisten müsste, um das Projekt innerhalb der gesteckten Zeit, der vorgegebenen Qualität und Kosten erreichen zu können. Aufgrund der im Schnitt geschätzten Velocity von 32 Story-Points je Sprint läuft diese Kurve immer weiter auseinander und aus diesem Grund wurde ein Prüfauftrag erteilt, welcher aufzeigen soll wie die Performance des Teams gesteigert werden kann. Hier hat der Autor die Idee der Integration von Gamification-Aspekten eingebracht, um die Motivation und Begeisterung der Teammitglieder zu fördern und um so die absolut Velocity zu steigern.

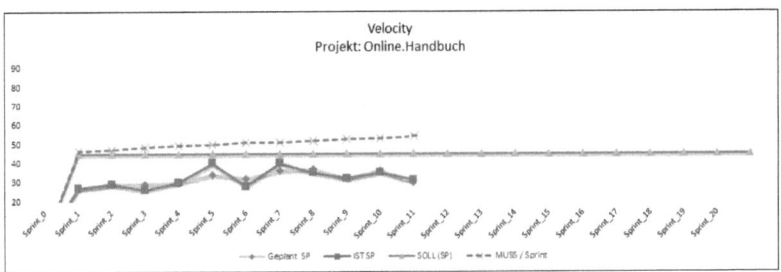

Abbildung 1: Team Velocity vor Einführung von Gamification

3.3 Einführung von Gamification

Mit Beginn von Sprint 12 werden dedizierte Aspekte von Gamification in das SCRUM-Team integriert. Die Beobachtung der Team-Velocity erfolgt im Rahmen dieser Arbeit über die Sprints 12-15 (Sprint 12: 13.05. - 26.05.2014; Sprint 13: 27.05. - 09.06.2014; Sprint 14: 10.06. - 23.06.2014; Sprint 15: 24.06. - 08.07.2014). Zunächst wurde in einem zweistündigen Termin vor dem Sprint-Planning für Sprint 12 allen Beteiligten der Inhalt und die Methoden von Gamification erläutert, bevor die entsprechenden praktischen Realisierungen vorgestellt wurden. Nachdem alle Beteiligten die Motivation und den Inhalt der Maßnahme durchdrungen hatten wurde das Sprint Planning durchgeführt. Aufgrund der veränderten Rahmenbedingungen durch die Integration von Gamification, fand eine gleichbleibende Schätzung zu Sprint 11 über die Team-Performance statt. Als erster Schritt wurden Erfolge für Einzelpersonen und das Team eingeführt (vgl. Tabellen 3, 4).

Erfolg	Beschreibung
Positive Team-Erfolge	
Alle an Board	Alle Teammitglieder sind 10 Dailys am Stück anwesend (ausgenommen geplante Abwesenheiten).
Wahrheitssucher	Das Kundenfeedback wurde jedem im Team transparent vermittelt.
Bilderbucherzähler	Das Team hat dem Kunden in drei aufeinanderfolgenden Sprints die umgesetzten User Stories erfolgreich präsentiert.
Superhelden	Alle geplanten User Stories werden in vier aufeinanderfolgenden Sprints innerhalb dieser komplettiert.
Wir lieben Blackjack	Alle Karten auf dem Storyboard sind geschätzt.
Zurück in die Zukunft	Die Retrospektive wurde vier Sprints am Stück durchgeführt.
Liebesgrüße aus Moskau	Alle Karten im Backlog wurden priorisiert (MoSCoW).
Nimm mich wie ich bin	Vier Wochen am Stück wurden die vom Backlog gezogenen User Stories der Priorität nach genommen.
Angeleint	Fünf Dailys in Folge wurde der 10 Minuten Slot eingehalten.
Gut gemacht Junior(s)	6 positive Team-Achievements wurden erreicht.
Negative Team-Erfolge	
Ich kann tote Wände sehen	Weniger als 5 Karten wurden während des Sprints bewegt.

Lückenfüller	Weniger als drei Personen aus dem Team nehmen am Review teil.
Marmor, Stein und Eisen bricht, nur diese Story nicht	Eine Story befindet sich seit vier Wochen in der Umsetzung.
Fleißige Bienen	Fünf offene Punkte aus der letzten Retrospektive wurden nicht weiter behandelt.
Rote Krieger	Das Team hat über 10 User Stories abgeschlossen, welche in der zweiten Hälfte des priorisierten Backlogs liegen.

Tabelle 3: Eingeführte „Team-Achievements"

Erfolg	Beschreibung
Positive Einzel-Erfolge	
Erzähl mir was Neues	Die Person war einen Monat lang in jedem Daily anwesend.
Höllentempo	Die Person hat 8 User Stories während eines Sprints umgesetzt.
Geschichtenerzähler	Die Person hat 30 User Stories umgesetzt.
Bibliothekar	Die Person hat 80 User Stories umgesetzt.
Willensfrage	Die Person übernimmt eine User Story von jemand anderes.
Grinsekatze	Die Person hat 10 positive Erfolge erreicht.
Negative Einzel-Erfolge	
Schildkrötenkönig	Die Person hat 5 sich nur langsam weiterentwickelnde User Stories auf dem Storyboard.
Steht auf der Leitung	Die Person hat mehr als 8 offene User Stories.
Kaffeeklatsch	Die Person hat mehr als 3 Themen im Daily angesprochen, welche sich nicht auf dem Storyboard befinden.

Tabelle 4: Eingeführte „Einzel-Achievements"

Zusätzlich zu den Erfolgen wurde dem Team versprochen, wenn es mit Ablauf von Sprint 15 mehr als 7 positive Team-Erfolge und jedes Teammitglied mind. 2 positive Einzel-Erfolge aufweisen kann, dass ein halbtägiges Team-Event Ende Juli als Belohnung durchgeführt wird. Hierbei handelt es sich um „Fußball-Golf" in Schloss Scherneck bei Augsburg mit einem anschließendem Besuch im Biergarten.

3.4 Bewertung des Praxisbeispiels

Die Einführung von Gamification wurde zunächst skeptisch im SCRUM-Team aufgenommen, da diese als „Management-Maßnahme" empfunden wurde. Eine Klarstellung der Absichten und Hintergründe hat die Einstellung gegenüber der Einführung nachhaltig positiv verändert. Das Sprint Planning für Sprint 12 wurde an den Leistungen von Sprint 11 orientiert und das Sprint Log mit einer gleichen Anzahl an Story Points gefüllt um die Auswirkungen von Gamification abzuwarten. Dieses Phänomen ist durch den Team-Building-Prozess nach Tuckman zu erklären (vgl. [Tuc65]).

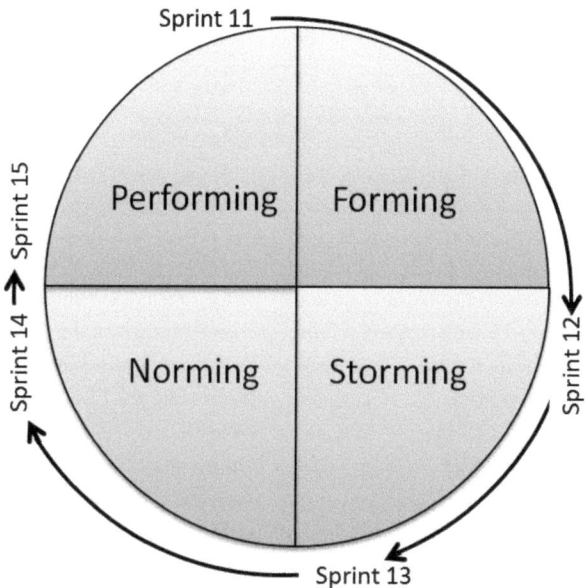

Abbildung 2: Entwicklung des Teams in der Teamuhr nach Tuckman (vgl. [Tuc65]) über die beobachteten Sprints hinweg

Ein Team entwickelt sich in 4 Phasen: Forming, Storming, Norming, Performing. Jede Änderung an den Rahmenbedingungen bzw. dem Teamkonstruktes wirft eine Gruppe in die Phase des Stormings zurück, was in diesem Fall durch die Integration von Gamification verursacht wurde. Dadurch kann das Team sich nicht auf die eigentlichen Arbeiten konzentrieren, sondern es entstehen Differenzen innerhalb des Teams (vgl. [DW13, 26ff]). Die Umstellung auf die Unterstützung von Gamification hat im Laufe des Sprints mehr Auswirkungen gezeigt als zunächst geplant. Die einzelnen Mitarbeiter im SCRUM-Team haben ein hohes Interesse an den Aspekten von Gamification gezeigt und so wurde mehr Zeit als geplant in die Aufklärung und Möglichkeiten von Gamification investiert. Dies äußerte sich in einer niedrigeren effektiven Arbeitszeit der einzelnen Teammitglieder für die Entwicklung in den Sprints 12 und 13. Folglich ergab sich auch ein an den umgesetzten Story-Points gemessener negativer Trend in der Team-Velocity.

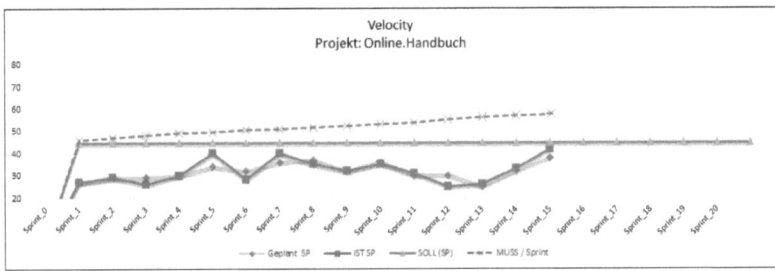

Abbildung 3: Team Velocity nach Einführung von Gamification

Diese Vorarbeit hat sich im Sprint Planning für Sprint 14 hingegen ausgezahlt. Hier zeigte das Team schon eine deutlich optimistischere Schätzung zur kommenden Team-Performance, was sich im Nachgang erfüllte. Die hohe Motivation der Mitarbeiter im SCRUM-Team, die im Rahmen dieser Arbeit aufgestellten Achievements zu erreichen, hat die Performance für Sprint 15 nochmals gesteigert und die Velocity auf einen bis dato Spitzenwert von 43 Story Points anwachsen lassen.
Im Team herrscht zudem der Wunsch, den Einsatz von Gamification z.B. durch virtuelle Güter oder weitere Auszeichnungen auszuweiten. Hier wird im Anschluss an die vorliegende Arbeit ein weiteres Vorgehen für die restliche Projektlaufzeit eruiert. In Abbildung 3 ist die Entwicklung der Team-Velocity im Überblick dargestellt.

4 Reflexion

Eine direkte Messung des Erfolges der Integration von Aspekten der Gamification in den SCRUM-Prozess kann am Praxisbeispiel erfolgen (vgl. Abb. 3). Eine langfristige Betrachtung ist in diesem Fall nicht möglich, da der Bearbeitungszeitraum und die Rahmenbedingungen der vorliegenden Arbeit keine längerfristige Beobachtung erlauben. Aus diesem Grund muss die Erfolgsmessung auf den gesammelten Ergebnissen durchgeführt werden. Als Messgröße für den Erfolg wird der Erfüllungsgrad der in Kapitel 1.2 aufgestellten Hypothesen (vgl. Tabelle 1) als objektives Maß herangezogen:

Richtlinie	Bezug zur Arbeit	Erfüllungsgrad
Design als Artefakt	In der vorliegenden Arbeit wird versucht, aus praktischen Erfahrungswerten und angeeignetem (theoretischem) Domänenwissen, die Performancesteigerung von SCRUM Teams durch die Einführung von Gamification als Unterstützungsmethode zu evaluieren.	Die in Kapitel 3.3 eingeführten Aspekte von Gamification haben gezeigt, dass die Performance des SCRUM-Teams durch Gamification positiv beeinflusst werden kann.
Relevante Problemstellung	Die Zielsetzung der vorliegenden Arbeit zielt auf ein wirtschaftlich relevantes Problem ab, für welches explizit Lösungsalternativen gesucht werden.	Die Idee für die Integration von Gamification in den SCRUM Prozess setzt auf dem wirtschaftlichen Problem auf, dass die Performance eines SCRUM-Teams nur schwierig gesteigert werden kann. In der vorliegenden Arbeit wurde Gamification als eine Lösungsalternative gewählt.
Evaluierung des Designs	Die Evaluierung der theoretisch erarbeiteten Ergebnisse der Hausarbeit werden an einem real existierenden SCRUM-Team, welches bereits längere Zeit an einem Projekt arbeitet, erprobt. Dies kommt einer ersten Evaluation gleich.	Die erfolgreiche Integration von Gamificationaspekten in ein bestehendes SCRUM-Team und die daraus resultierende Performancesteigerung (vgl. Abbildung 3) bestätigt die aufgestellte Hypothese.

Forschungs-beitrag	Die Evaluierung der Auswirkung von Maßnahmen aus dem Bereich Gamification auf die Performance von SCRUM Teams ist in diesem Maß noch nicht durchgeführt worden und soll einen entsprechenden Forschungsbeitrag leisten.	Die Ergebnisse des Praxisbeispiels zeigen, dass Gamification im betrachteten Fall eine positive Auswirkung auf die Velocity des SCRUM-Teams hat.
Forschungs-sorgfalt	Die praktischen Erfahrungen und die der Literatur entnommenen Domänenkenntnisse ermöglichen die Konstruktion eines Design Artefakts. Eine Evaluation dieses Konstrukts erfolgt im Rahmen der Praxisverprobung im SCRUM Team. Weiterführende Evaluierungen müssen in weiteren Arbeiten erfolgen.	Wie die Ergebnisse der vorliegenden Arbeit zeigen, ist es möglich, dedizierte Aspekte von Gamification in den SCRUM-Prozess zu integrieren, ohne dabei die Grundregeln des agilen Prinzips zu verletzen. Eine allgemeingültige Aussage über den Erfolg von Gamification muss durch weitere Arbeiten belegt werden.
Design als Such-prozess	Die bisher gesammelten Erfahrungen des Autors werden mit theoretischen Grundlagen verheiratet. Die Kombination von Gamification Methodiken mit der Vorgehensweise SCRUM soll eine generische Möglichkeit bieten und mittel- und langfristig durch weitere Arbeiten verbessert und verfeinert werden.	Die in Kapitel 2.2 dargestellte allgemeine Definition von Gamification zeigt, dass diese ohne Regelverletzung in den Prozess des agilen Frameworks SCRUM integriert werden kann. Weitere Arbeiten müssen die Praxisgültigkeit im Detail beleuchten und verifizieren.

Ergebnis-kommunikation	Die im Rahmen der Arbeit aufkommenden Ergebnisse werden durch eine Präsentation in einem Fachkreis im Rahmen des Studiums kommuniziert und dienen einer Sensibilisierung der dort anwesenden Personen. Eine spätere Publikation der Ergebnisse ist nicht ausgeschlossen.	Die Ergebnisse wurden einem Fachkreis vorgestellt und bot eine Plattform zur gemeinsamen Diskussion zwischen Referenten und dem Podium. Weiterführende Aspekte wurden durch den Autor aufgenommen und werden in die Fortführung des Praxisbeispiels außerhalb der vorliegenden Arbeit mit einfließen.

Tabelle 5: Erfüllungsgrad der sieben Richtlinien nach Hevner [HMP+04, S. 83]

5 Ausblick

Die stetig steigende Verbreitung Agiler Praktiken seit dem Jahre 2006 veranlasst viele Unternehmen, diese auch in der eigenen Organisation zu integrieren. Dies geschieht vor allem im Bereich der IT-Softwareentwicklungsprojekte, über alle Unternehmensgrößen hinweg. Bei Großkonzernen kann allerdings keine vollständige Adaption der Agilen Praktiken aufgrund der gewachsenen und statischen Organisationsstrukturen stattfinden. Deshalb muss ein Kompromiss zwischen den alten und neuen Strukturen gefunden werden. Durch die beispielhafte Verprobung der Velocity in einem SCRUM Team, welches in einem IT-Projekt für einen Großkonzern tätig ist, wird gezeigt, dass auch im Großkonzernumfeld die Anwendung von Gamification möglich und erfolgreich sein kann. Das Ergebnis weist einerseits bedingt durch die Integration der Gamificationbestandteile eine zunächst geringere Performance des Teams auf, was durch die neuen Teambuildingprozesse begründet und ausgeführt werden kann, als auch schon nach drei Sprints eine gesteigerte Performance gegenüber der Ursprungsleistung. Der Erfolg der Performancesteigerung des SCRUM-Teams im spezifischen Kontext ist keine Garantie für eine Verallgemeinerung der Hypothese, dass die Integration von Gamification die Performance von SCRUM Teams steigert. An dieser Stelle müssen weitere und fortführende Arbeiten die Ergebnisse vertiefen und in anderen Rahmenbedingungen evaluieren, um eine abstrahierte und verallgemeinerte Lösung zu beweisen.

Literatur

[Abt87]   Clark C. Abt. *Serious Games*. Lanham, MD: University Press of America, 1987.

[Alf11]   K. Alfrink. *New Games For New Cities*. Presentation, FutureEverythin Std. Mai 2011.

[BBB+01]   Kent Beck, Mike Beedle, Arie van Bennekum u. a. *Manifesto for Agile Software Development*. zugegriffen am 12.06.2014, from `http://www.agilemanifesto.org/`. 2001.

[CB01]   Roger Caillois und Meyer Barash. *Man, Play, and Games*. Champaign, IL: University of Illinois Press, 2001.

[DKN+11a]   Sebastian Deterding, Rilla Khaled, Lennart E. Nacke u. a. "From Game Design Elements To Gamefulness: Defining „Gamification""". In: *Mindtrek 2011*. 2011.

[DKN+11b]   Sebastian Deterding, Rilla Khaled, Lennart E. Nacke u. a. "Gamification: Toward a Definition". In: *CHI 2011 gamification workshop* (2011).

[DW13]   Rolf van Dick und Michael A. West. *Teamwork, Teamdiagnose, Teamentwicklung*. 2. Ãɉberarbeitete und erweiterte Auflage. Hogrefe Verlag GmbH + Company, 2013.

[FWVH12]   Ian Finley, Nathan Wilson und Gordon Van Huizen. *Hype Cycle for Application Development 2012*. Techn. Ber. Gartner Inc., 2012.

[GP02]   Eliyahu M. Goldratt und Petra Pyka. *Die Kritische Kette - Das neue Konzept im Projektmanagement*. 1. Aufl. Frankfurt/Main: Campus Verlag GmbH, 2002.

[HE11]   Juho Hamari und Veikko Eranti. "Framework for Designing and Evaluating Game Achievements". In: *Think Design Play: The fifth international conference of the Digital Research Association (DIGRA)*. Sep. 2011.

[HMP+04]   Alan R. Hevner, Salvatore T. March, Jinsoo Park u. a. "Design Science in Information Systems Research". In: *MIS Quarterly* 28 (2004), S. 75–105.

[Lar03]   Craig Larman. *Agile and Iterative Development: A Manager's Guide*. Amsterdam: Addison-Wesley Professional, 2003.

[MNL+09]   M. Montola, T. Nummenmaa, A. Lucero u. a. "Applying game achieve-
ment systems to enhance user experience in a photo sharing service". In:
*Proceedings of the 13th International MindTrek Conference: Everyday
Life in the Ubiquitous Era.* 2009, S. 94–97.

[Mü]   Wolfram Müller. *Scrum + Critical Chain = Reliable Scrum.* Projekt-
magazin Fachportal. https://www.projektmagazin.de/artikel/
scrum-critical-chain-reliable-scrum_1074345 zugegriffen am
25.06.2014.

[OBF+10]   Hubert Österle, Jörg Becker, Ulrich Frank u. a. "Memorandum zur ge-
staltungsorientierten Wirtschaftsinformatik". In: *Schmalenbachs Zeit-
schrift für betriebswirtschaftliche Forschung* 62 (2010), S. 664–672.

[Pic08]   Roman Pichler. *Scrum - agiles Projektmanagement erfolgreich einset-
zen.* Heidelberg: Dpunkt-Verl, 2008.

[SS08]   B. Sawyer und P. Smith. *Serious Games Taxonomy.* Presentation,
GDC 2008 Std. Feb. 2008.

[Sch04]   Ken Schwaber. *Agile Project Management with Scrum.* Redmond,
Wash: Microsoft Press, 2004.

[Sut04]   Dr. Jeff Sutherland. "Agile Development: Lessons Learned from the first
Scrum". In: *Cutter Consortium Agile Project Management Advisory
Service* (2004).

[Tuc65]   Bruce W. Tuckman. "Developmental Sequence in small groups". In:
Psychological Bulletin 63.6 (1965), S. 384–399.

BEI GRIN MACHT SICH IHR
WISSEN BEZAHLT

- Wir veröffentlichen Ihre Hausarbeit,
  Bachelor- und Masterarbeit

- Ihr eigenes eBook und Buch -
  weltweit in allen wichtigen Shops

- Verdienen Sie an jedem Verkauf

Jetzt bei www.GRIN.com hochladen
und kostenlos publizieren